AF567266

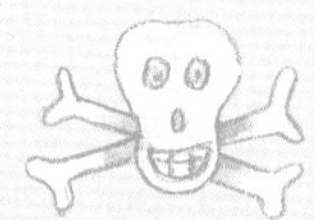

Aus Verantwortung für die Umwelt hat sich der Fischer Kinder- und Jugendbuch Verlag zu einer nachhaltigen Buchproduktion verpflichtet. Der bewusste Umgang mit unseren Ressourcen, der Schutz unseres Klimas und der Natur gehören zu unseren obersten Unternehmenszielen.

Gemeinsam mit unseren Partnern und Lieferanten setzen wir uns für eine klimaneutrale Buchproduktion ein, die den Erwerb von Klimazertifikaten zur Kompensation des CO_2-Ausstoßes einschließt.

Weitere Informationen finden Sie unter: www.klimaneutralerverlag.de

Weitere Informationen zum Kinder- und Jugendbuchprogramm der S. Fischer Verlage finden Sie unter: www.fischerverlage.de

Erschienen bei FISCHER Duden Kinderbuch

Fachberatung: Ulrike Holzwarth-Raether
Layout und Satz: Michelle Vollmer, Mainz
Umschlagkonzept: Frauke Schneider, Wittighausen
Umschlaglayout: Mischa Acker, Brühl

Druck und Bindung:
Firmengruppe APPL, aprinta druck GmbH, Wemding
Printed in Germany
ISBN 978-3-7373-3481-5

Leseprofi

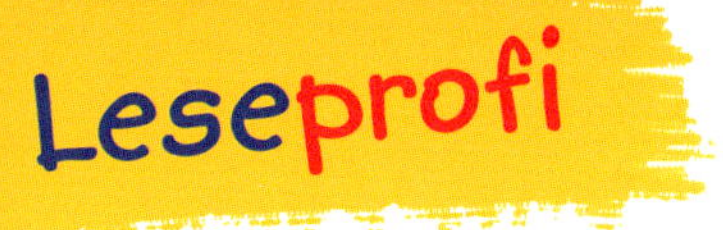

Lustige Abc-Geschichten
für Vorschule und Schulstart

Fußball und Piraten

Dagmar Binder

mit Bildern von Dorothea Tust

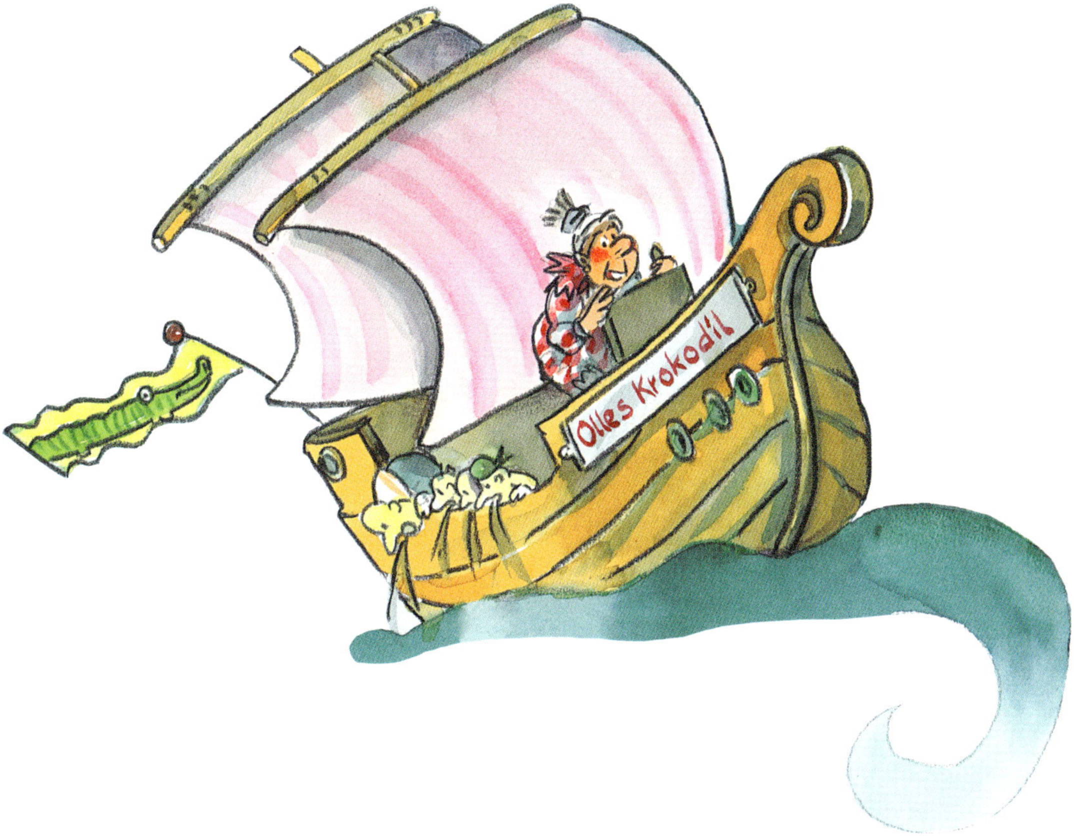

FISCHER Duden Kinderbuch

Inhalt

ABC-Geschichten Fußball

Fußball-Abc
WALDI
JUNIOR
ZOLTAN
YOGI
RO-NALDA
FUSSBALL
CARLOS
LARS
UDO
HARRY
ECKFAHNE
POKAL
SCHIEDSRICHT
INGO
MARIO
ABDULLAH
OTTO
KEVIN
XAVER
DO NAL DO
NADJA
VIKTORIA
BONN
QUENTIN
GREGOR
GESINE

Anpfiff, Anstoß, Tor!

Anpfiff: Anton schießt den 
in einem hohen Bogen zu Abdullah.
Abdullah nimmt den  an
und läuft los.
Aus den Augenwinkeln sieht er
den gegnerischen Verteidiger
auf sich zustürmen.
Schnell gibt Abdullah
den  ab an Alex.
Alex kickt den  zurück zu Abdullah.
Was für ein gelungener Doppelpass!
Abdullah nimmt seine Chance
wahr und knallt
den   ins Tor.

?
Womit wird das Spiel an- und abgepfiffen?

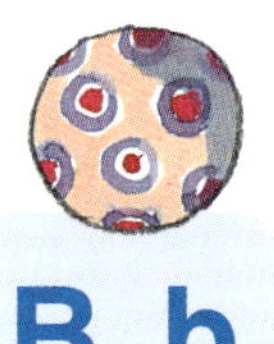

B, b Bei den Bambini

Belinda geht noch nicht in die Schule,
aber Fußball spielen kann sie schon prima.
Sie ist eine gute Stürmerin
und hat schon viele Tore geschossen.
Belinda spielt mit Bobo, Albert und Benny
bei den Bensheimer Bambini.
„Beim Fußball bin ich besser als Bobo“,
sagt Belinda, „obwohl Bobo
viel größer und stärker ist!“

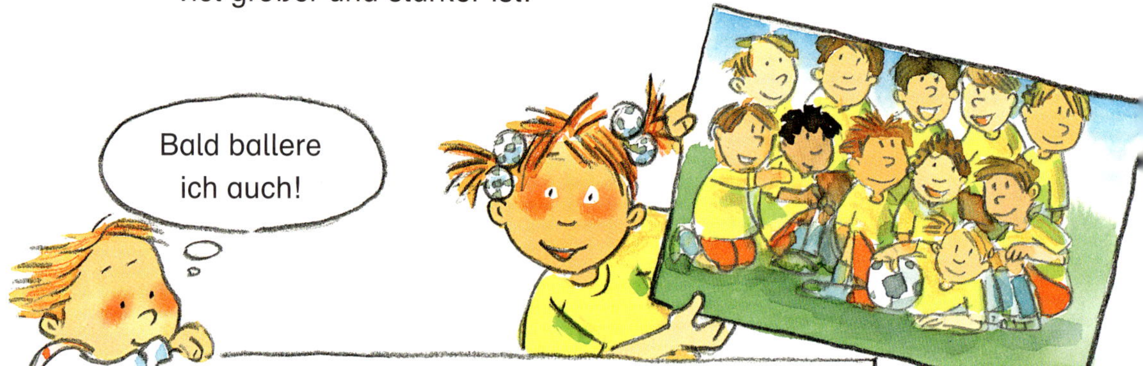

Bald ballere ich auch!

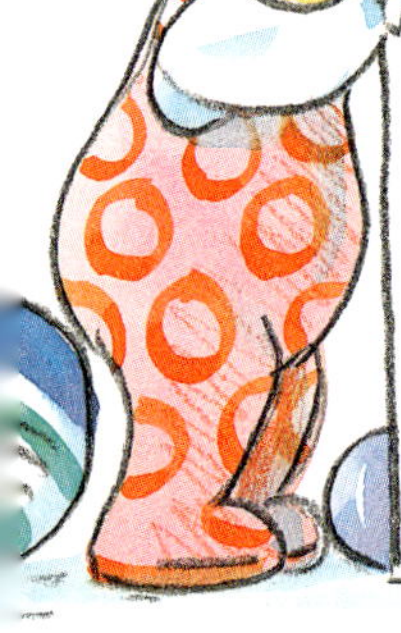

Fußballspielen bei den Bambini

Bambini-Mannschaften gibt es bei den meisten Fußballklubs. Mitspielen dürfen alle unter sieben Jahren. Bei den Bambini spielen Mädchen und Jungs zusammen in einem Team.

? Welche Wörter fangen mit einem **B** an?
Bobo, Fußball, Belinda, Ball, Tor, Bambini

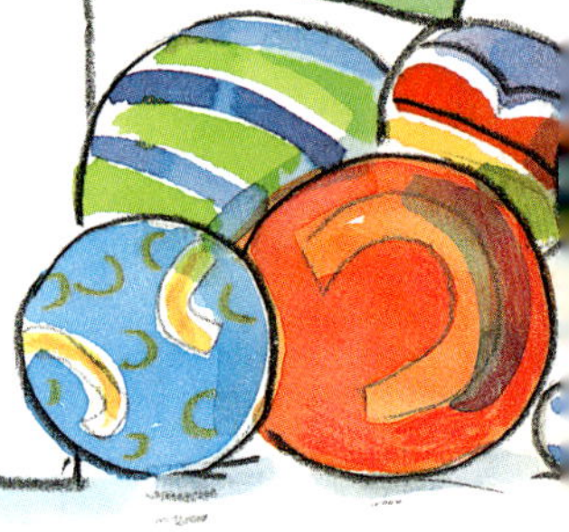

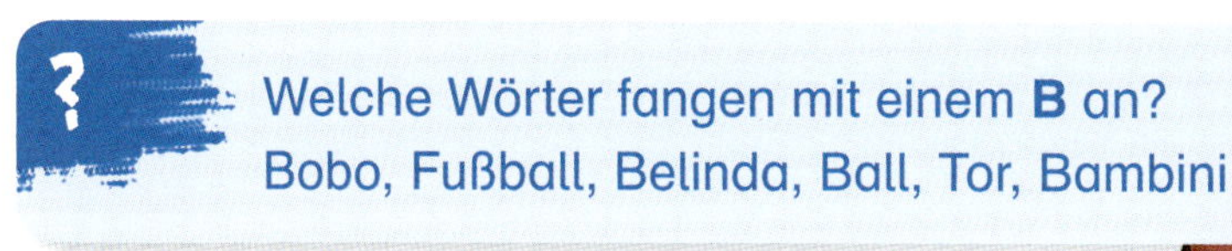

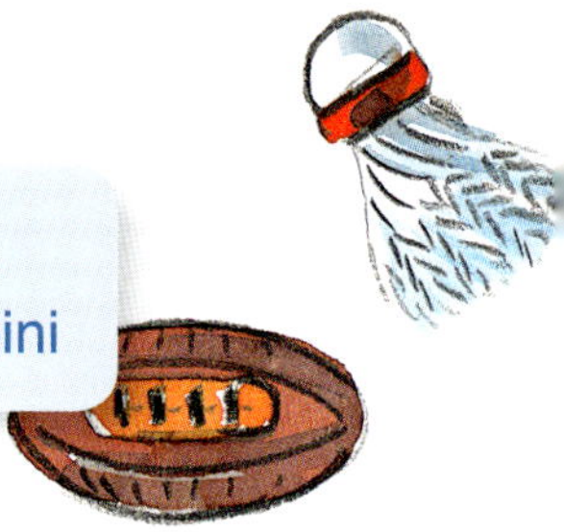

C, c

Ferien im Fußballcamp

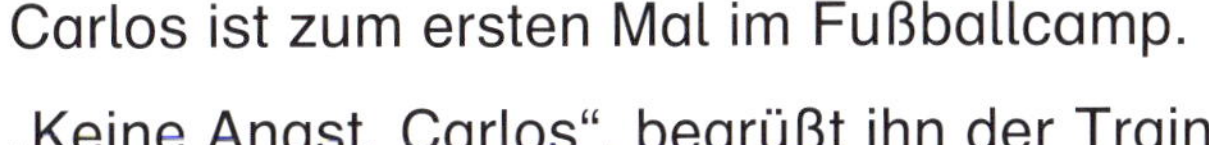

Carlos ist zum ersten Mal im Fußballcamp.
„Keine Angst, Carlos“, begrüßt ihn der Trainer,
„Fußball spielen, das kann jeder.
Und was du noch nicht kannst,
das lernst du hier zusammen mit anderen.
Fußball ist vor allem ein Teamspiel.“

Hier lernst du ein bisschen Fußballenglisch.
Cup (sprich: *kap*) = Pokal,
Coach (sprich: *kootsch*) = Trainer,
Champion (sprich: *tschämpien*) = Meister

D, d Donaldo, der Dribbelkönig

Donaldo heißt eigentlich Donald.
Aber alle nennen ihn nur
Donaldo, den Dribbelkönig.
Denn Donald kann fast so gut dribbeln
wie sein großes Vorbild Ronaldo.
Deshalb ist Donald ein gefürchteter Stürmer.
Geschickt umspielt er seine Gegenspieler.
Er wechselt blitzschnell die Richtung
und behält dabei immer den Ball in Fußnähe.

Dosendribbeln

Stelle Dosen im Abstand
von je fünf Schritten in einer Linie auf.
Dribble mit dem Ball im Slalom
um die Dosen herum,
ohne dass sie umfallen.
Wie lange brauchst du dafür?

Die Elf

Bei jedem Spiel werden vorher
die Positionen der elf Spieler festgelegt:
Abwehr, Mittelfeld, Angriff und Tor.
Bis zur E-Jugend spielt man im Kleinfeld
mit sieben Spielern.
Jeder bekommt eine Spielernummer –
die steht auf seinem Trikot.

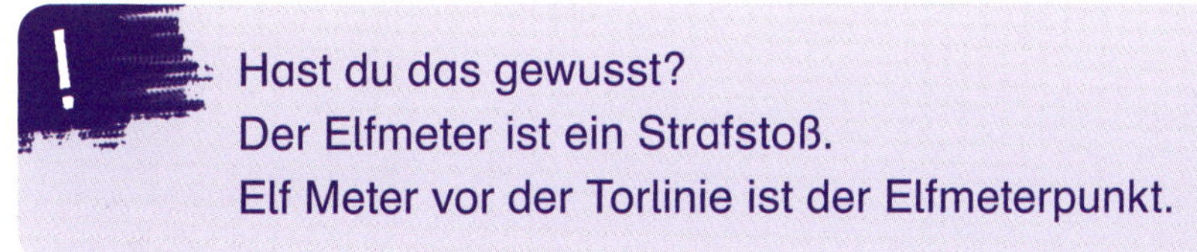

!

Hast du das gewusst?
Der Elfmeter ist ein Strafstoß.
Elf Meter vor der Torlinie ist der Elfmeterpunkt.

F, f

Fußball und Fans

Fußball ist international.
Er wird auf der ganzen Welt gespielt –
auf dem Fußballplatz, im Park
oder einfach auf der Straße.
Alle vier Jahre findet sogar
eine Fußballweltmeisterschaft statt.
Millionen von Fans verfolgen
die WM im Fernsehen.

Englisch:
football

Serbisch:
fudbal

Französisch:
football

Niederländisch:
voetbal

Italienisch:
calcio

Polnisch:
piłka nózna

Kroatisch:
nogomet

Schwedisch:
fotboll

Deutsch:
Fußball

Tschechisch:
kopaná

Spanisch:
fútbol

Türkisch:
futbol

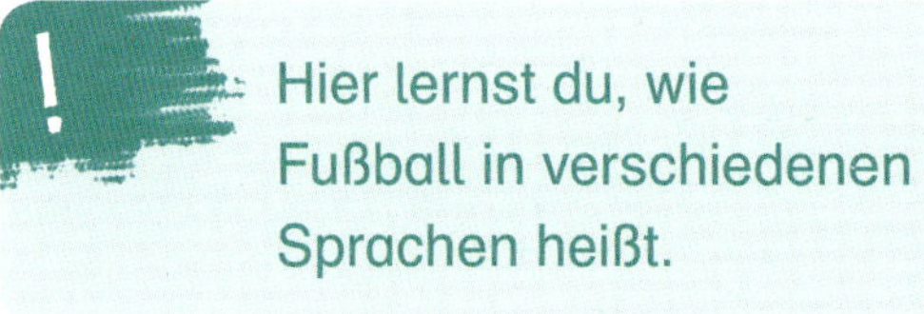

! Hier lernst du, wie Fußball in verschiedenen Sprachen heißt.

Portugiesisch:
futbol

Gregor und Gesine

Für Gregor und Gesine ist vor jedem Spiel Gymnastik angesagt.
Das hilft beim Aufwärmen der Muskeln.
Sonst kann man sich leichter verletzen.
Gregor und Gesine zeigen dir Muskeldehnübungen, die auch die Profis vor dem Spiel machen.

H, h

Heimspiel mit Harry Hirsch

FC Hinterhupfing gegen 1860 Hühnerstall: Harry Hirsch live aus Hinterhupfing – noch zehn Minuten reguläre Spielzeit.

Riesenhuber hat sich aus der Deckung befreit. Endlich hat er freie Bahn und stürmt in den Strafraum. Das ist die Chance!

Die Hinterhupfinger erhöhen den Druck.

Doch Hassan grätscht dazwischen. Foul! Absolut unfair!

Der Schiedsrichter gibt Elfmeter, klare Entscheidung. Riesenhuber macht sich am Elfmeterpunkt bereit. Wo der hintritt, wächst kein Gras mehr.

Hurtig drin ist das Ding.

Anstoß Hühnerstall … Doch Hühnerstall bleibt nicht lange im Ballbesitz. Hirschhäuser verliert das Duell gegen Hugo. Hugo bolzt das Leder zu Hilmar …

? Kannst du den Bandwurmsatz lesen?
Trenne die Wörter durch Striche.

DERSCHIEDSRICHTERGIBTELFMETER

Kopfball Hilmar. Weit, weit nach vorne gespielt …
Abseits … Freistoß Hühnerstall!
Hubert läuft an mit links … Schuss! Voll gegen die Latte!
Dramatische Schlussminuten hier in Hinterhupfing. Der FC verteidigt seinen hauchdünnen Vorsprung.
Henri kämpft sich aus der Tiefe des Raums nach vorne, durchbricht die Abwehr … Holli Hahn weit draußen aus seinem Kasten.
Doch Holli Hahn hält! Oder? Nee! Unhaltbar, dieser Granatenschuss von Henri!
TOR TOR
Und da kommt der Schlusspfiff! 2:0 für den FC Hinterhupfing!!!
Eine Bombenstimmung hier bei uns im Stadion. Nur Holli Hahn heult …
?
Kennst du noch andere Wörter für Fußball?

I, i Internationale Spiele

Beim Fußball gibt es viele internationale Meisterschaften und Freundschaftsspiele. Jede Nationalmannschaft hat ihre eigenen Trikotfarben.

PAUL ALI LUCA JAN LUIS

Niederlande Brasilien Türkei Deutschland Italien

Weißt du, aus welchen Ländern diese Spieler sind?

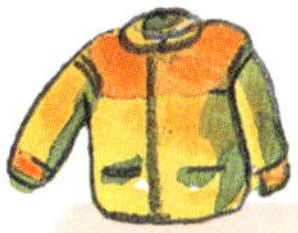

Junioren

Junioren sind Kinder und Jugendliche,
die in diesen Altersklassen Fußball spielen:

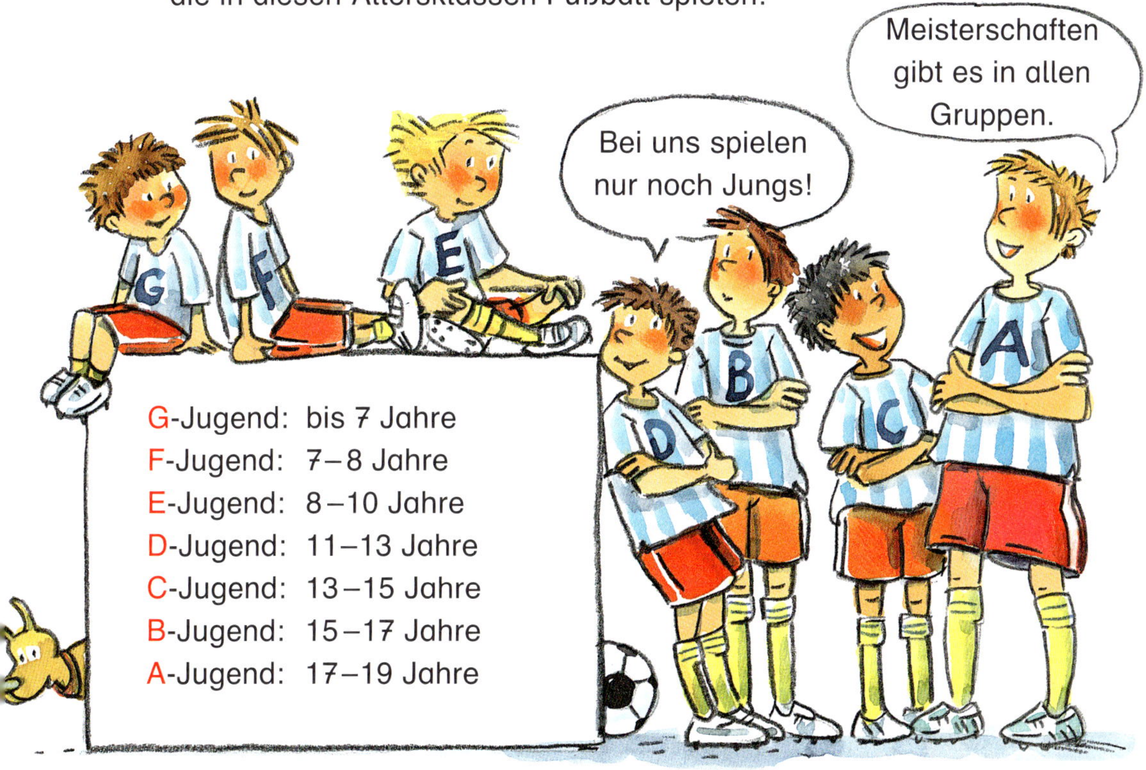
Bei uns spielen nur noch Jungs!
Meisterschaften gibt es in allen Gruppen.
G
F
E
D
B
C
A

G-Jugend:	bis 7 Jahre
F-Jugend:	7–8 Jahre
E-Jugend:	8–10 Jahre
D-Jugend:	11–13 Jahre
C-Jugend:	13–15 Jahre
B-Jugend:	15–17 Jahre
A-Jugend:	17–19 Jahre

J U D O
G U A A R J
J A C K E

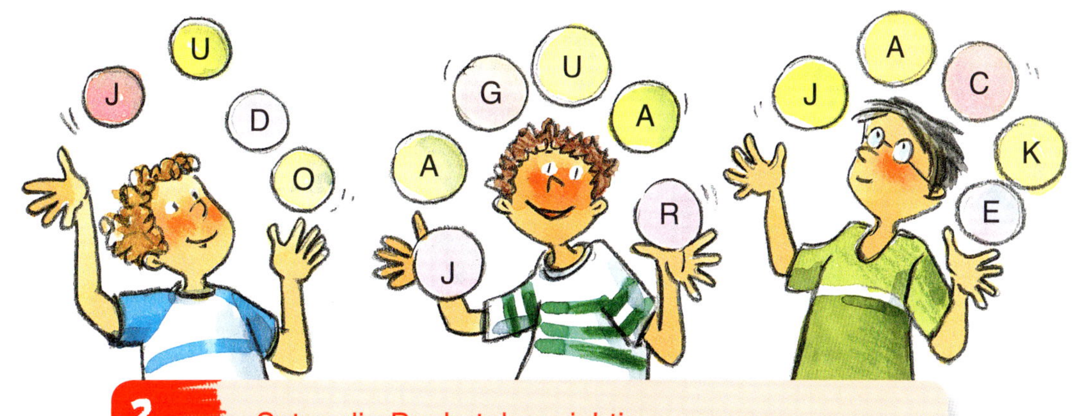

? Setze die Buchstaben richtig zusammen.
Welche drei Wörter mit **J** kommen dabei heraus?

K, k

Ball-Künstler

Der Name Fußball sagt es schon:
Bei dieser Sportart wird der Fuß benutzt.
Das Spiel mit der Hand ist verboten.
Andere Körperteile dürfen eingesetzt werden,
zum Beispiel der Kopf oder das Knie.
Richtige Kopfballprofis erzielen so manches Tor.
Eine Kunst ist es aber auch,
den Ball lange „hoch zu halten"
und immer wieder mit einem Körperteil
in die Höhe zu stoßen.
Das ist eine gute Übung – nicht nur für Profis.

Vorsicht beim Kopfball!

Ihr dürft das Kopfballspiel
auf keinen Fall
mit einem Fußball üben!
Das ist zu gefährlich!
Nehmt besser einen Softball!

Olé, olé, olé ...

Mit Liedern feuern die Fans im Stadion
ihre Mannschaft oder ihren Torwart an.
Viele große Vereine haben ein eigenes Lied,
das die Fans während des Spiels singen.

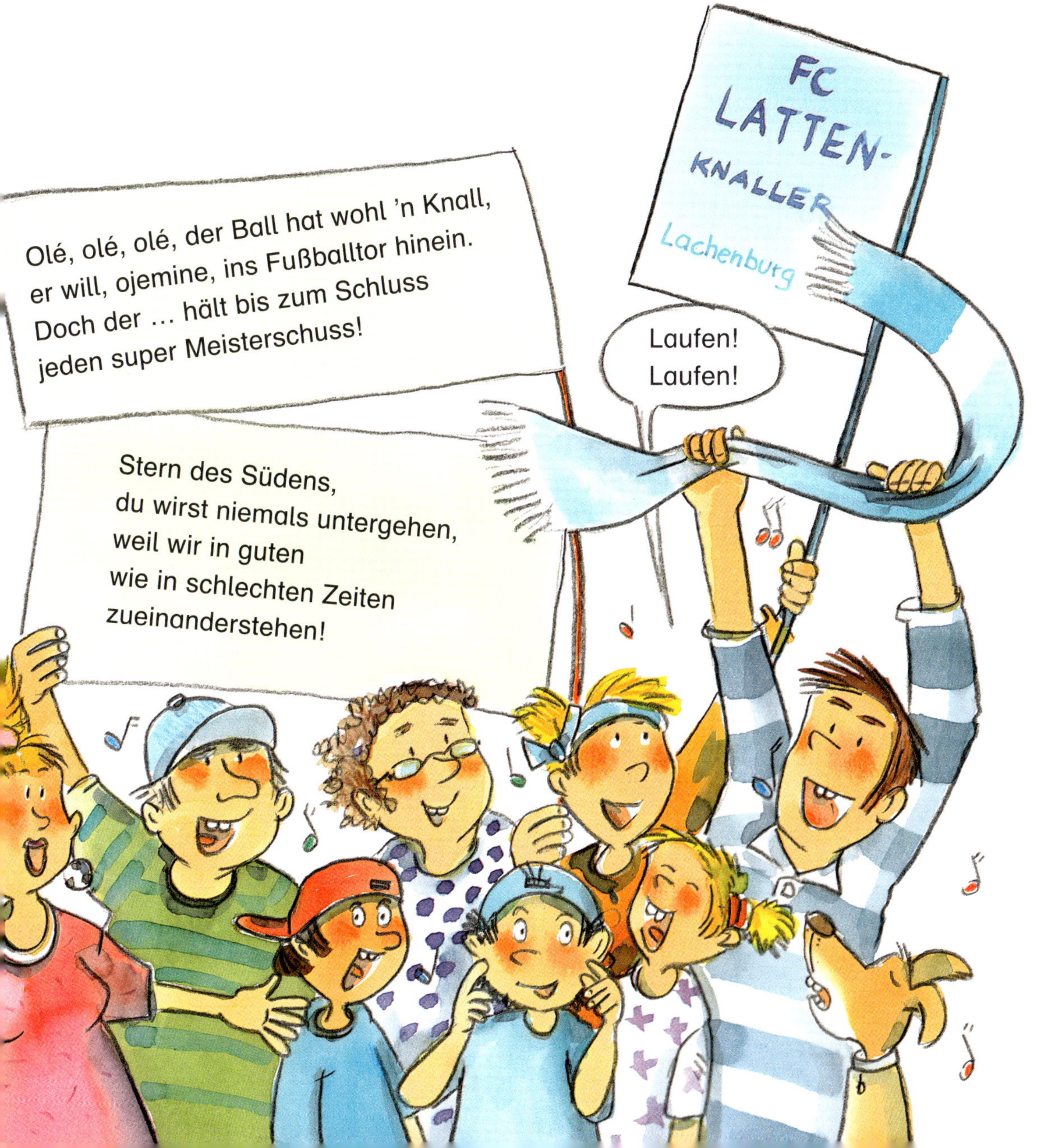

FC LATTEN-KNALLER
Lachenburg

Olé, olé, olé, der Ball hat wohl 'n Knall,
er will, ojemine, ins Fußballtor hinein.
Doch der … hält bis zum Schluss
jeden super Meisterschuss!

Laufen!
Laufen!

Stern des Südens,
du wirst niemals untergehen,
weil wir in guten
wie in schlechten Zeiten
zueinanderstehen!

M, m

Marios Mannschaft

Mario spielt Straßenfußball mit seinen Freunden und seiner Schwester Maxi.
Gemeinsam haben sie schon viele Siege errungen.
Ein paar Niederlagen mussten sie auch einstecken.
Aber das hat ihnen nichts ausgemacht.
Hauptsache, es war ein gutes Spiel.
Doch nach dem letzten Match meinte Mario, er würde lieber in einem Verein spielen.
Ob Maxi und die anderen auch Lust auf eine richtige Mannschaft haben?

? Was findest du nicht auf dieser Seite?

N, n

Null zu null?

Wer kommt jetzt in die -Runde? Das entscheidet das 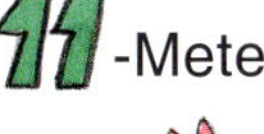-Meter-Schießen. Fünf  aus hausen und fünf  aus Lands werden ausgewählt. 

Jeder Schuss ein Treffer: . Doch Nele aus hausen schießt daneben. Das ist die Chance für Lands und für Nadia! Nadia rutscht das  in die .

Ihre  werden weich wie . Doch die  feuern Nadia an. Nadia läuft an und schießt:

Der  fliegt am  vorbei ins 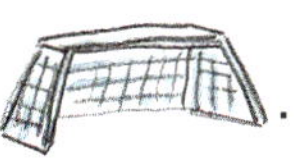.

Die Bilder helfen dir. Kannst du die kleine Geschichte mitlesen?

 Pokal  Hut  Knie  Fußball

 Elf  Herz  Pudding  Torwart

 Mädchen  Hose  Kinder 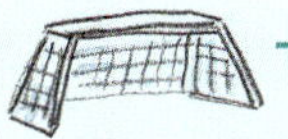 Tor

 Burg

O, o

Mit O-Beinen in die Oberliga

Forscher fanden heraus:
Jeder vierte erwachsene Fußballer
hat O-Beine.
Woher kommt das?
Beim Fußballspielen werden vor allem
die inneren Beinmuskeln trainiert.
Stärkere Muskeln sind kürzer.
Dadurch werden die Knie ungleich belastet.
Die Folge können O-Beine sein.
Wer richtig trainiert, kann das verhindern!

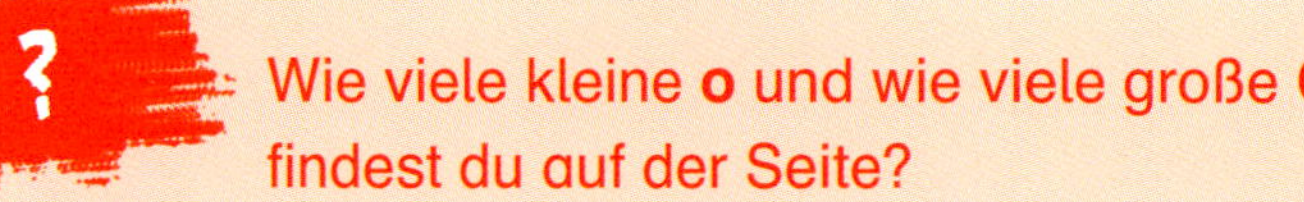

Wie viele kleine **o** und wie viele große **O** findest du auf der Seite?

Die Pokale der Sieger

P, p

Um den Pokal des Deutschen Fußball-Bundes DFB kämpfen jedes Jahr 64 Mannschaften: die 36 Mannschaften der 1. und der 2. Bundesliga und 28 Mannschaften aus den unteren Ligen. Gespielt wird im K.-o.-System. Das heißt, wer verliert, scheidet aus. In euren Turnieren spielt ihr genauso um Pokale wie die Profis.

DFB-Pokal

Er ist aus vergoldetem Silber, 52 Zentimeter hoch und mehr als 6 Kilo schwer.

WM-Pokal der Männer

Der WM-Pokal ist aus Gold, 36,8 Zentimeter hoch und mehr als 6 Kilo schwer. 1930 wurde er das erste Mal verliehen.

WM-Pokal der Frauen

Seit 1991 findet alle vier Jahre auch eine Frauen-WM statt. So sieht der Pokal aus.

Q, q Qualifikation

„So schafft ihr die Quali nie!“, schimpft der Trainer. „Ihr hüpft über den Platz wie Quarkbällchen und trefft keinen Ball!“

Alle sind sauer und schimpfen wild durcheinander.

Da muss der Trainer lachen: „Okay, ihr Quatschgurken, wir machen jetzt erst mal eine Limopause und dann trainieren wir weiter!“

Fußball-Rätsel

Kennst du dich beim Fußball aus?

Jede Mannschaft hat …

◯ 10 Spieler. ◯ 11 Spieler. ◯ 12 Spieler.

Der Fußball ist …

◯ oval. ◯ rund. ◯ eckig.

Jedes Spiel besteht aus …

◯ 2 Halbzeiten. ◯ 3 Halbzeiten.

Eine Halbzeit dauert …

◯ 30 Minuten.

◯ 45 Minuten.

◯ 60 Minuten.

Das Spiel endet mit dem …

◯ Abpfiff. ◯ Abklatsch. ◯ Abwurf.

Ein Schiedsrichter hat eine …

◯ gelbe Karte. ◯ rote Karte.

◯ blaue Karte. ◯ grüne Karte.

Ein Pferdekuss ist ein …

◯ starkes Ohrensausen.

◯ Bluterguss auf dem Oberschenkel.

S, s Spiel und Spieler

22 Spieler

davon 2 Torhüter

1–2 Schiedsrichter

2 Linienrichter

Jedes Spiel ist spannend und anders.
Es gibt aber Standardsituationen.
Diese kommen in fast jedem Spiel vor
und sind spielentscheidend:

Einwurf

Ecke

Freistoß

Elfmeter

Abstoß

Spielerausrüstung

Was tragen die Spieler?

Was braucht der Torwart?

Woran erkennt man den Kapitän?

Was braucht der Schiedsrichter?

Was ist auf dem Fußballplatz nicht erlaubt?

Fußballschuhe mit Stollen
Socken
Trikot
Mütze
Handy
Stutzen
Flipflops
Kapitänsbinde
Trillerpfeife
Stoppuhr
Sonnenbrille
Sporthose
Torwarthandschuhe
Brille
Handtasche
Kette
Schienbeinschützer

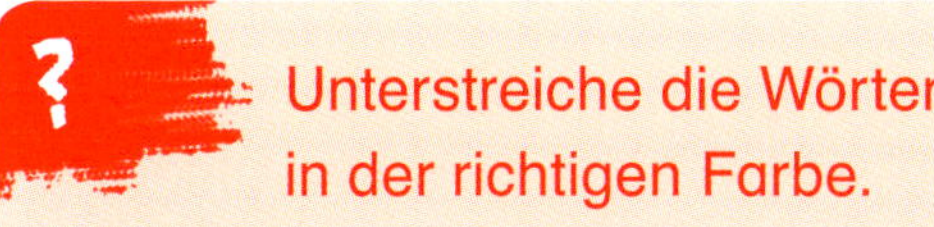

Unterstreiche die Wörter in der richtigen Farbe.

T, t Tor und Torwart

Nur der Torwart darf den Ball mit den Händen berühren.
Für ihn ist der sicherste Weg, ein Tor zu verhindern,
den Ball mit beiden Händen zu fangen.
Dazu braucht er viel Kraft und Geschicklichkeit
und spezielle Handschuhe.
Ein einziger Fehler des Torwarts
kann die Mannschaft den Sieg kosten.
Der Torwart kann aber auch
zum Helden der Mannschaft werden.

Das ist ein Tor!
(deutsch)

C'est un but!
(französisch)

Dat is een doelpunt!
(niederländisch)

That's a goal!
(englisch)

Ecco un gol!
(italienisch)

? Welches Wort kannst du von vorne und von hinten lesen und es macht Sinn?
TOR, TORWART, TRILLERPFEIFE, TAKTIK, TRAINER

In der Umkleide

In der Pause zwischen den beiden Halbzeiten
gehen die Spieler in ihre Umkleidekabine.
Das Wichtigste ist jetzt:
„cool down“ (sprich: kuhl daun) – das heißt „abkühlen“.
Gemeint ist, dass alle wieder ruhig werden.
Dann bespricht der Trainer die weitere Taktik.
Er nimmt Umstellungen vor
und motiviert für die zweite Halbzeit.

Besetzt?

Die Spieler schwitzen während des Spiels viel Flüssigkeit aus dem Körper. Deshalb muss während der Pause nur ganz selten mal jemand auf die Toilette.

V, v

Mein Verein

Kicken kannst du auf der Wiese,
auf dem Pausenhof und sogar am Strand.
Aber wenn du richtig trainieren willst,
gehst du am besten in einen Verein.
So kannst du vielleicht auch
an Jugendmeisterschaften teilnehmen.
Jeder Fußballverein hat einen Namen,
Vereinsfarben und ein eigenes Zeichen.
Die besten Fußballvereine in Deutschland
spielen in der Bundesliga gegeneinander.

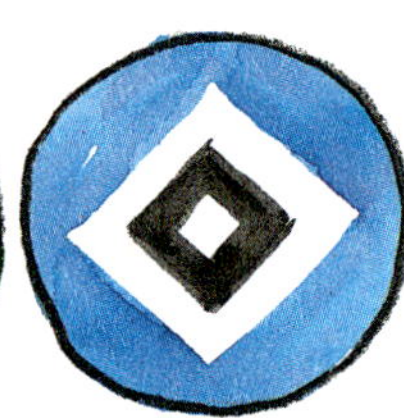

Hannover 96

Karlsruher SC

Hamburger SV

FC Bayern

Werder Bremen

Borussia Dortmund

Kennst du diese Fußballvereine?
Verbinde mit Linien, was zusammengehört.

Weltmeisterschaft 2022

W, w

Die nächste Weltmeisterschaft findet vom 21. November bis zum 18. Dezember 2022 in Katar statt. Das Eröffnungsspiel ist in Al-Chaur und das Endspiel in Lusail City. Es ist das erste Mal, dass eine Fußball-WM in Katar ausgetragen wird.

Was meinst du: Wer wird gewinnen?

Mein Tipp:

1. Platz ______________________

2. Platz ______________________

Schon gewusst?

Deutschland ist das einzige Land, bei dem die Männer und die Frauen schon einmal Fußballweltmeister waren. Die deutschen Fußballfrauen haben bereits die WM 2003 in den USA und 2007 in China gewonnen. Die Fußball-WM der Männer hat Deutschland sogar schon viermal gewonnen: 1954, 1974, 1990 und 2014.

X, x

X oder O?

Das sind beim Fußball extreme Gegensätze.
O-Beine kommen bei Fußballern häufig vor.
X-Beine sind dagegen eher selten.
Dabei können sie sogar von Vorteil sein.
Mit X-Beinen fällt das Kurvenlaufen leichter.
Und die Gefahr, dass der Spieler
in der Kurve wegrutscht, ist viel geringer.
Deshalb sind zum Beispiel für Abwehrspieler
X-Beine gar nicht schlecht.

Youngsters beim Training

Yanis schaut den Youngsters (sprich: jangsters) von Dynamo Dingsda beim Training zu.

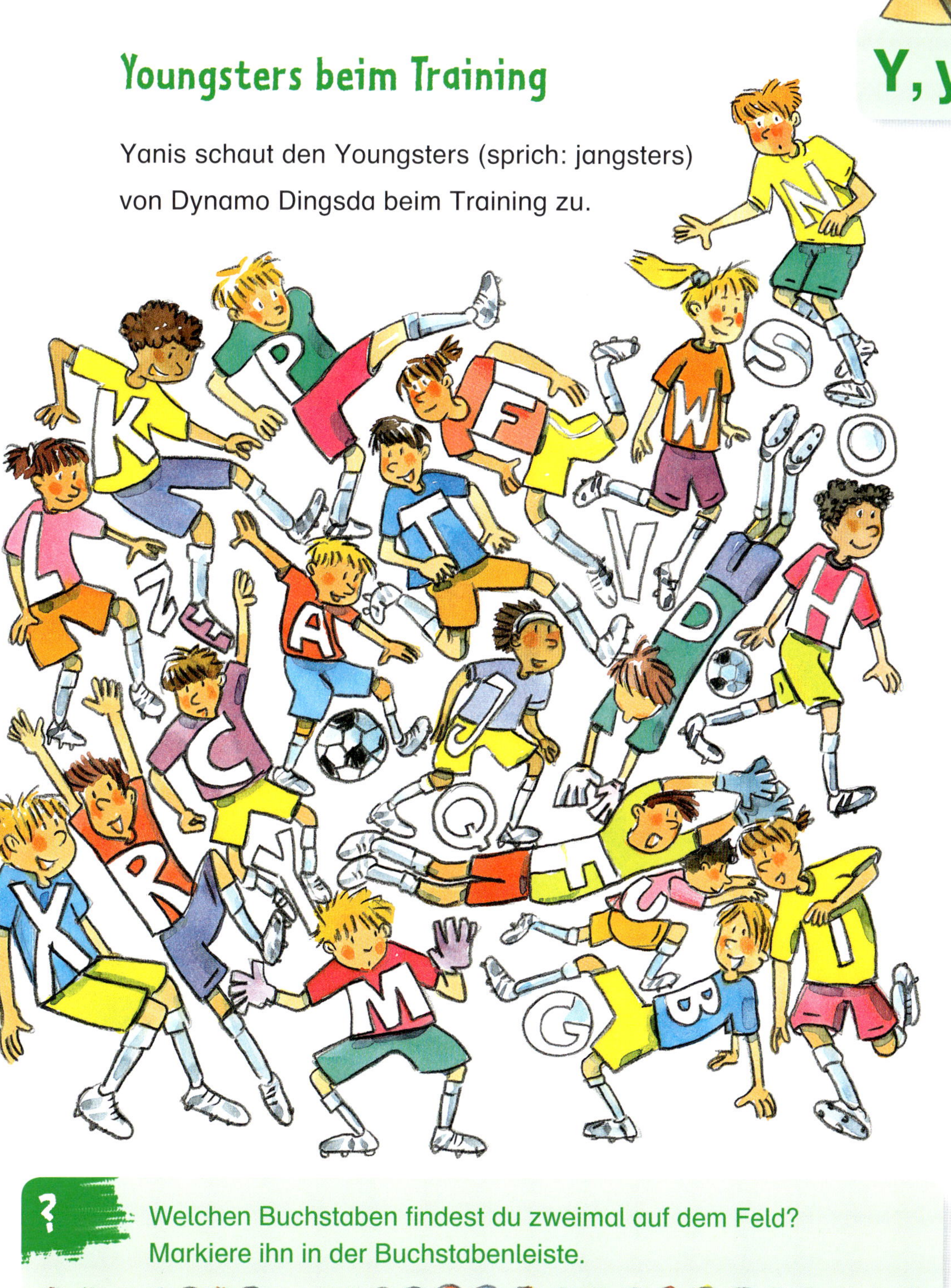

?

Welchen Buchstaben findest du zweimal auf dem Feld? Markiere ihn in der Buchstabenleiste.

A B C D E F G H I J K L M N O P Q R S T U V W X Y Z

Z, z Was ist eine Zitterpartie?

Beim Fußball spricht man manchmal
von einer Zitterpartie oder einem Zitterspiel.
Zum Beispiel, wenn …
… in der 85. Spielminute der Spielstand 1:1 ist.
Dann bangen die Zuschauer mit ihrem Verein.
Man kann auch sagen, sie zittern vor Angst,
dass er verliert.
Zum Beispiel, wenn beim Spiel …
… ein Sieg über den Aufstieg
und eine Niederlage über den Abstieg
in eine andere Liga entscheidet.

Das Fußball-Abc im Rückwärtsgang

Das geht doch ganz fix.

Hör gut zu, das geht im Nu.

Mit dem Fußball geht das klar.

Sieh mal an, das tut nicht weh.

Schon bist du da.

Lösungen

A: Trillerpfeife

B: Bobo, Belinda, Ball, Bambini

H: Der aufgelöste Bandwurmsatz heißt:
DER SCHIEDSRICHTER GIBT ELFMETER.
Zum Beispiel: Ball, Leder, Ei

I: Paul kommt aus Deutschland.
Ali kommt aus der Türkei.
Luca kommt aus Italien.
Jan kommt aus den Niederlanden.
Luis kommt aus Brasilien.

J: JUDO, JAGUAR, JACKE

M: Trillerpfeife Federball

O: O: 9-mal
o: 10-mal

R: Jede Mannschaft hat 11 Spieler.
Der Fußball ist rund.
Jedes Spiel besteht aus zwei Halbzeiten.
Eine Halbzeit dauert 45 Minuten.
Ein Schiedsrichter hat eine gelbe und eine rote Karte.
Das Spiel endet mit dem Abpfiff.
Ein Pferdekuss ist ein Bluterguss auf dem Oberschenkel.

S: Die Spieler tragen Fußballschuhe mit Stollen, Stutzen, Schienbeinschoner, Sporthose und Trikot.
Der Torwart braucht Torwarthandschuhe.
Den Kapitän erkennt man an der Kapitänsbinde.
Der Schiedsrichter braucht Trillerpfeife und Stoppuhr.
Auf dem Fußballplatz sind nicht erlaubt:
Socken, Münze, Sonnenbrille, Handy, Flipflops, Brille, Handtasche, Kette, Mütze.

T: TOR ⟷ ROT

V:

X: Nixe, Hexe, Saxofon, Boxer

Y: Das F ist doppelt.

ABC-Geschichten Piraten

Piraten-Abc
HUGO
OTTO
ZORG
BOBO
FITJE
JAN
TRULLO
XENON
UDO
WILLI
EDE
VASCO
LEO
YAZZY
QUADDEL
ARAMIR
RUDI
GAVIN
PAULA
NEPO MUK
SVEN
MAX
CONNY
IBO
KNUT
DRAGAN

A, a

Ahoi!

Im Hafen von Agadir liegt die „Santa Anna“.
Der Piratenfrachter ist klar zum Auslaufen.
„Alle Mann an Deck und abzählen“, brüllt Hakenhand,
der Kapitän. Sogar der Papagei krächzt laut: „Aye, aye!“
Eins, zwei, drei, vier, fünf, sechs, sieben …
Aber wo ist Aramir? Der sitzt oben auf dem Mast und ruft:
„Ahoi!“ Da wollen auch die anderen Piraten nicht länger
warten und segeln zu neuen Piraten-Abenteuertaten.

? Welche Wörter fangen mit einem **A** an:
Anker, Anna, Ananas, Affe, Kanone, Angel?

B, b

Boot in Not

„Boot in Not“, brüllt der braune Seebär Balthasar, „zu viele Bananen, Brezeln und Bratfische an Bord!“

Findest du alle sieben Bären auf dem Boot? Wo ist BOBO?

Am Computer

Kapitän Conny segelt von Costa Rica nach Caracas
auf der Suche nach schwer beladenen Schiffen.
Doch bei 40 Grad im Schatten
macht auch Kapitän Conny schlapp.
Er verschwindet in seiner Kajüte
und spielt Seeschlacht am Computer.

La Cucaracha,
La Cucaracha,
dudurududu …

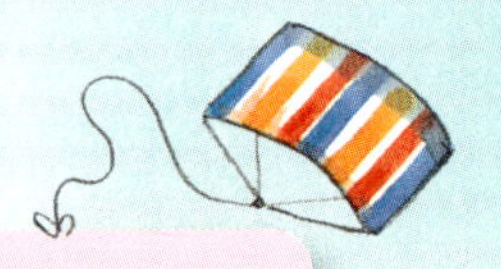

D, d Dressierte Delfine

Dragan und Dodomir dressieren drei drollige Delfine,
während der dicke Daddel und der doofe Dödel
an Deck des Datteldampfers vor sich hin dösen.

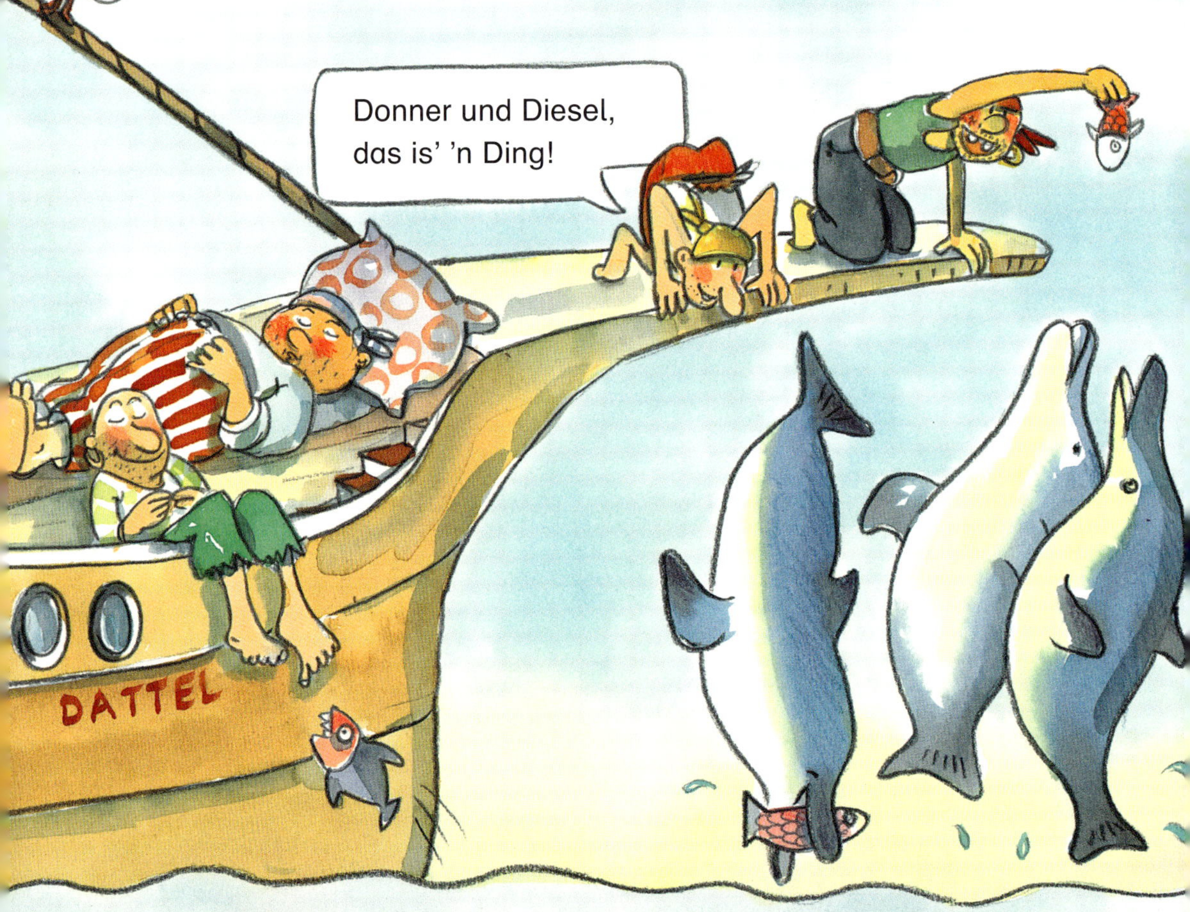
Donner und Diesel,
das is' 'n Ding!
DATTEL

? Sprich laut: Bei welchen Wörtern im Bilderdomino hörst du am Anfang ein D?

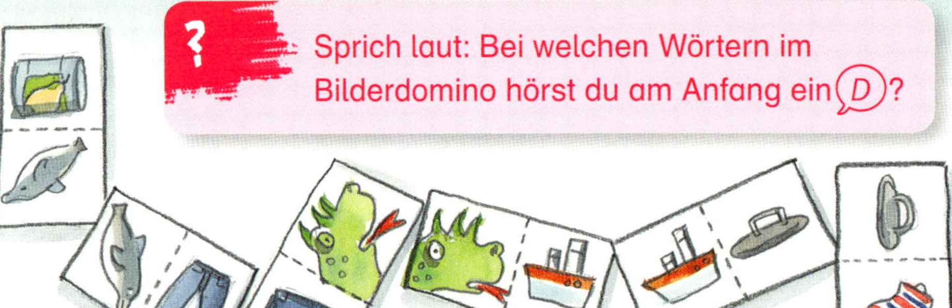

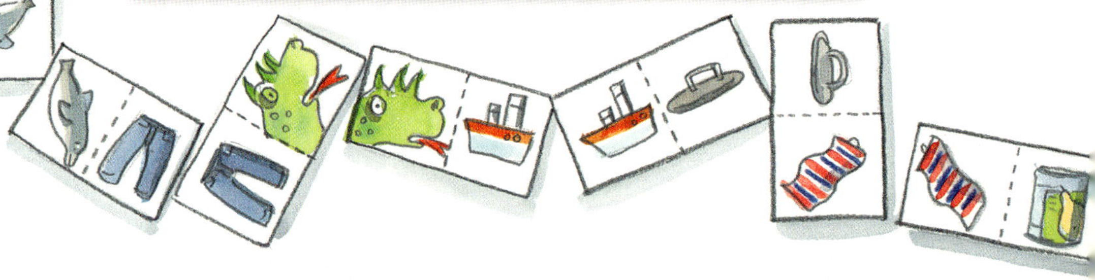

Ede, das Piratenschw◯n

Im Buchstaben-Meer schwimmen viele E, e.
Trifft ein E, e ein i,
dann schwimmen die beiden als Ei, ei weiter.
Im Text sind diese Buchstaben als ◯ geschrieben.

Ede, ein Schw◯n, noch kl◯n,

geht ganz all◯n in die w◯te Welt hin◯n.

◯n Schw◯n all◯n, das ist nicht f◯n,

denkt sich das klitzekl◯ne Ede-Schw◯n:

„Bevor ich gl◯ch noch w◯ne,

such ich mir wilde Schw◯ne.

Dann werden wir gem◯ne

Piratenschw◯ne!“

? Was kannst du bei Ebbe am Strand finden?

F, f Auf dem Fischkutter

Fischer Fitje fängt frische Fische,
frische Fische fängt Fischer Fitje.
Was hat der flinke Fischer
noch aus den Fluten gefischt
und zwischen den Fischen versteckt?

? Unter den vielen Fischen hat sich ein Frosch versteckt. Entdeckst du ihn? Wo im Wort Frosch hörst du das (F, f): vorne, in der Mitte, hinten?

Piratengesetze

G, g

Unter der Piratenflagge gelten strenge Gesetze:

- Gehorsam gegenüber dem Kapitän
- Gnadenlos gegen Gegner
- Gegenseitig helfen
- Gemeinschaft achten
- Alles geheim halten
- Gleiches Gold für alle
- Kein Gerangel, Geschubse und Gegröle an Deck

Grausame Strafen für gebrochene Gesetze:

H, h Der fliegende Holländer

Hugo Hakenhand schaukelt in der
Hängematte hin und her.
Es ist heiß im Hafen von Honolulu.
Hund Hasso hechelt in der Hitze.
Durch sein Fernglas schaut
Hugo hinaus aufs Meer.
Am Horizont erscheint ein Schiff
mit wehenden Segeln.
Das Schiff nähert sich rasch.
Am Heck flattert eine Fahne.
„Herrje, der ‚Fliegende Holländer'",
haucht Hugo und hüpft aus seiner
Hängematte. Ihm rutscht das Herz in die Hose.
Da taucht dichter Nebel auf, und das Schiff
verschwindet im Nichts.

? Zu welchen H-Wörtern findest du ein passendes Reimwort?

Die Pirateninsel

Irgendwo im Indischen Ozean liegt eine klitzekleine Insel mit zwei Palmen: die Zwei-Palmen-Insel.

Irgendwann sind die Piraten Ibi und Ibo mit ihrem Schiff hier gestrandet. Weil sie nicht schwimmen konnten, sind sie geblieben. Irgendwie fühlen sich die zwei Piraten inzwischen ganz wohl auf der Zwei-Palmen-Insel.

Ibi lebt auf der einen Palme, Ibo auf der anderen. Immer dienstags schwingt sich Ibi mit einer Liane zu Ibo. Dann spielen die beiden zusammen „Pirat, ärgere dich nicht!".

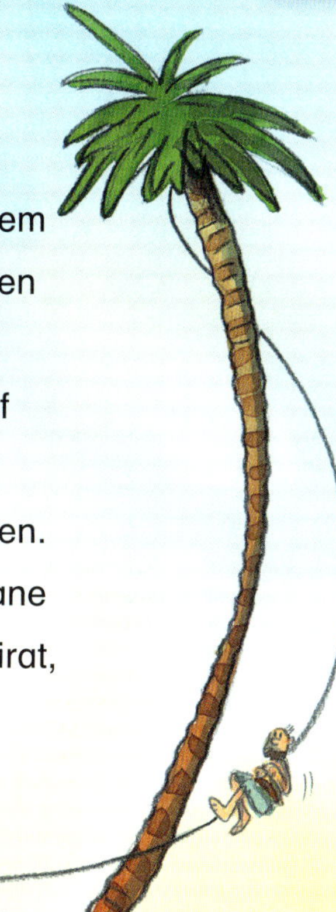

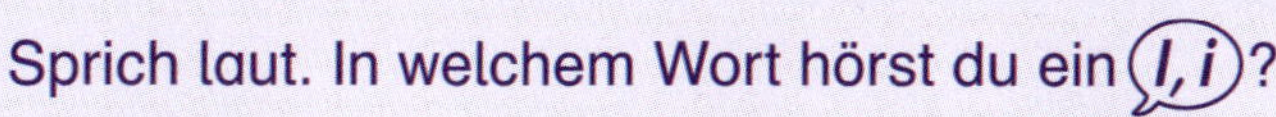

? Sprich laut. In welchem Wort hörst du ein (I, i)?

J, j Juxpiraten

Das Leben der Juxpiraten ist nix
für Jammerlappen. Jederzeit jonglieren
sie mit vollen Joghurtbechern.
Oje!
Dazu jodeln, jubeln und jauchzen
die Juxpiraten, jippie, jippie, jee!
Jedoch jammern tun sie nie.

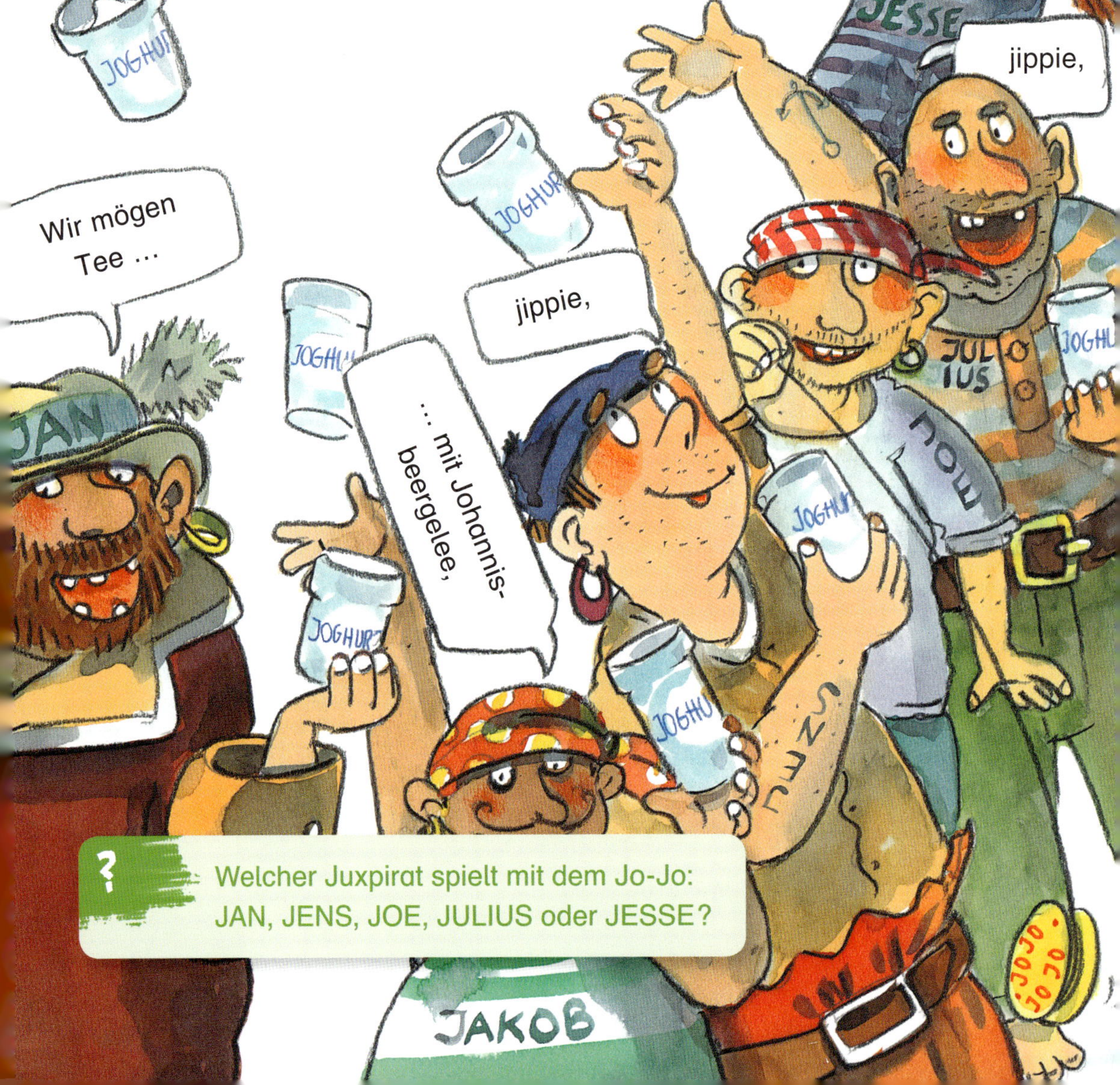

Wir mögen Tee …

… mit Johannis-
beergelee,

jippie,

jippie,

jee!

? Welcher Juxpirat spielt mit dem Jo-Jo:
JAN, JENS, JOE, JULIUS oder JESSE?

K, k

In der Kombüse

Knut, der Koch, kocht Kraut mit Krabben:
„Wer hat die Kapern gekapert?“
Das heißt in der Piratensprache: „Wer hat das Gewürz geklaut?“
Und Kombüse nennt man die Küche auf dem Kutter.

Kleine Krabben krabbeln schneller,
als große Krabben krabbeln.

!

Lass dir den Krabben-Zungenbrecher mehrmals vorlesen.
Kannst du ihn nachsprechen?

L, l Im Labyrinth

Leo und Lulatsch, die letzten Piraten auf der Liliput-Insel, suchen den Weg durchs Bilderlabyrinth.

Ziel

Führe die Piraten schräg und geradeaus durch die Bilder. Der richtige Weg geht aber nur über Wörter, die mit **L** beginnen.

Die Matrosen des Dreimasters „Mirabelle“

Max, der Schwer-Matrose

Moritz, der Leicht-Matrose

Michi, der Zu-leicht-Matrose

Manfredo, der Vielleicht-Matrose

Miroslav, der Ohne-Hose-Matrose

Mara, das Matrosen-Mädchen

? Bei wem hat sich eine kleine weiße Maus versteckt:
MICHI, MORITZ, MIROSLAV, MANFREDO, MARA oder MAX?

N, n

Nach Norden

„Nie und nimmer finden wir den Weg nach Grönland
und schon gar nicht nachts!“, nörgelt Nepumuk.
„Na klar“, meint Knut,
„wir nutzen den Polarstern, der zeigt uns
den Weg nach Norden in der Nacht.“
„Und morgen segeln wir einfach der Nase nach,
dann kann nix schiefgehen“,
lacht Norbert, der Steuermann der „Nautilus“.
„Kurs Nordnordost bis zur Sandbank
mit den großen Kokosnüssen.“

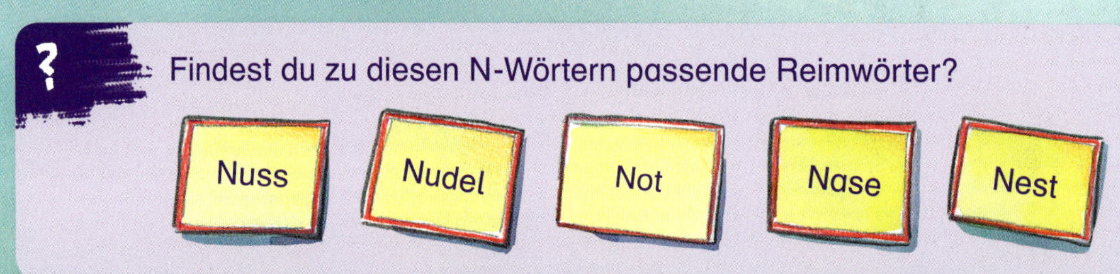

Findest du zu diesen N-Wörtern passende Reimwörter?

Im Orkan

O, o

Die Piratenoma ist nicht zu toppen.
Bei tosendem Orkan steuert sie ihr Boot,
das „Olle Krokodil“, durch den Stillen Ozean
und grölt ohne Sorge:
„Dro Chonoson mot dom Kontroboss
soßon of dor Stroßo ond orzohlton soch wos …“
Während Onkel Otto und die Enkel Ommel,
Oz und Oschi über die Reeling reihern …

P, p Piratenparty unter Palmen

Punkt 12 Uhr beginnt die Party
der Pantoffelpiraten auf der Papageieninsel
mit Peperonipizza, Paddelweitwurf,
Wettpupsen und Weitpinkeln.

? Endeckst du im Bild die Pommes, die Pizzas, die Papageien, die Paddel, die Perlenkette, die Pyramide, die Posaune und die Pistole?

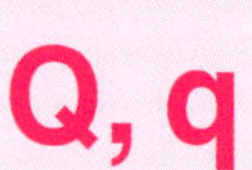

Q, q

Quallen-Quatsch

Vier Quallen schweben im Quartett
quietschvergnügt im Wasserbett.
Sie quibbeln und quabbeln
und bibbeln und babbeln
und schweben gleich Engeln
dahin, ohne zu quengeln.
Doch das kommt auch am Äquator –
ganz ohne Quatsch – nicht so oft vor.

Rudis Piraten-Reisebüro

R, r

? Auf einem Plakat geht es um eine Reise nach RIO, auf einem anderen um eine Reise zu einem RIFF. Entdeckst du, wo?

S, s Schatzsuche auf Sansibar

Sieben Seeräuber sind auf Schatzsuche nach sagenhaften Schmuggelschätzen.

Die alte Schatzkarte ist schwierig zu lesen:

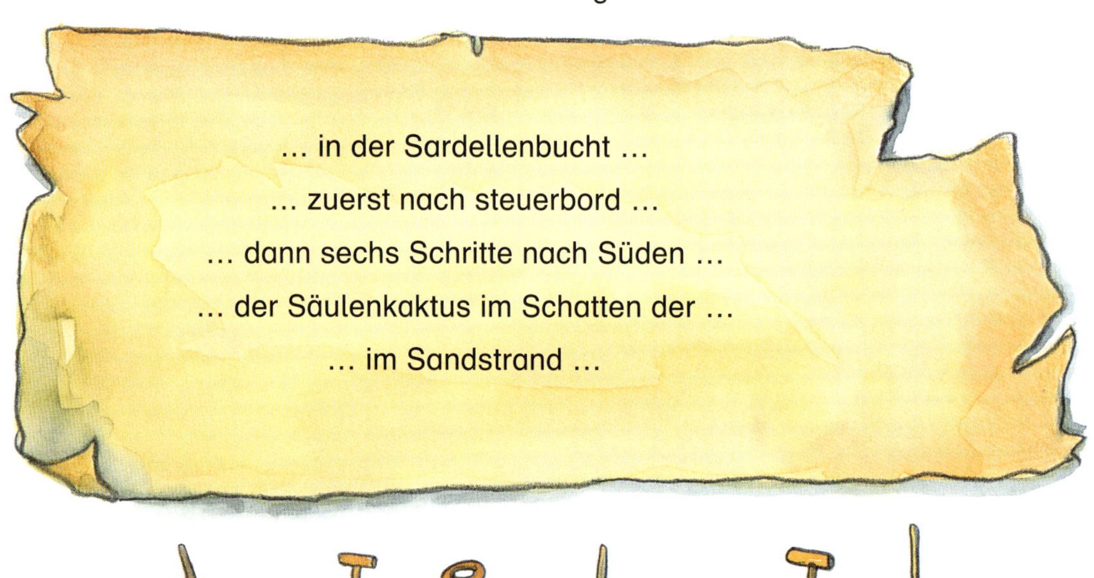

... in der Sardellenbucht ...

... zuerst nach steuerbord ...

... dann sechs Schritte nach Süden ...

... der Säulenkaktus im Schatten der ...

... im Sandstrand ...

Zum Schnellsprechen:

Strandsand vom Sandstrand
wird Sandstrand aus Strandsand
oder bleibt Strandsand vom Sandstrand.

Sch, sch

Die Seeräuber Sven, Sascha, Sixtus,
Saulus, Silvio, Sergej und Smutje, der Schiffskoch,
sind ratlos. Wo sollen sie suchen?
Da hilft nur eins:
die Schaufeln holen, Sand umschippen
und dabei in der Sonne schwitzen.

So 'n Schiet!

Du Scherzkeks!

Alles saublödes Seemannsgarn mit dem Schatz …

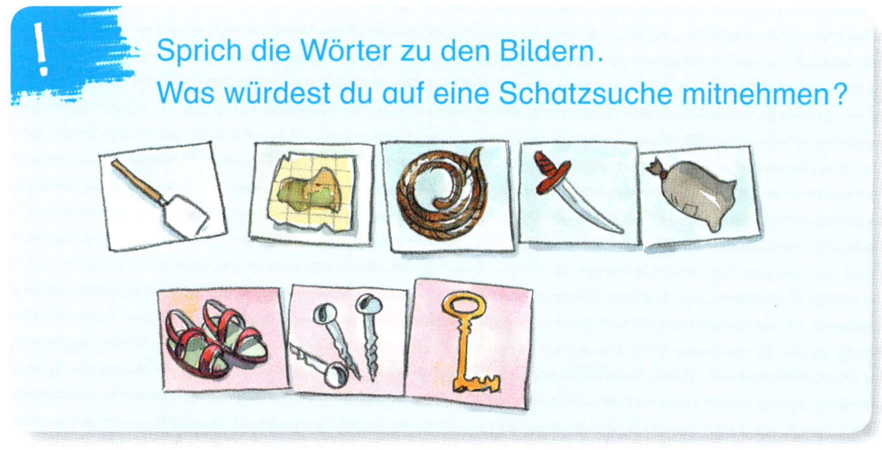

! Sprich die Wörter zu den Bildern.
Was würdest du auf eine Schatzsuche mitnehmen?

T, t Die Schatztruhe

Tief unten im Meer liegt eine alte Truhe.
Sie liegt schon seit Jahren dort
und ist mit Tang bedeckt.
Ein klitzekleiner Spalt steht offen.
Da hängt eine Goldkette heraus, die glitzert.
Trullo, der Pirat, entdeckt die Truhe beim Tauchen.
„Da sind bestimmt tausend Golddukaten drin“, denkt Trullo.
Begeistert öffnet er die Truhe und tatsächlich:
alles voll mit Glitzerschätzen!
Doch mittendrin sitzt Trixi, der Tintenfisch,
und spritzt ganz plötzlich seine Tinte auf Trullo.
Der Trick zieht immer und vertreibt auch Piraten.

Kannst du den Bandwurmsatz lesen?
Trenne die Wörter durch Striche ab.

T R I X I S P R I T Z T T I N T E A U F T R U L L O

Unter Wasser

U-Boot-Piratenkapitän Udo ist
mit seinem Turbo-U-Boot immer unterwegs
auf der Suche nach versunkenen Schaluppen.
Durch das runde Bullauge schaut Udo hinaus.
Wunderliche Tiere leben auf dem Grund des Meeres,
aber kein Schatz weit und breit.
Einmal hätte ein Unterwasser-Ungeheuer
fast sein U-Boot verschluckt.
Doch da ist Udo schnell wieder aufgetaucht.
Das ist gerade noch mal gut gegangen.

Setze in jede Lücke ein **U**. Kannst du den Satz jetzt lesen?

FAST HAT EIN ☐NTERWASSER☐NGETÜM

DAS R☐NDE ☐-BOOT VERSCHL☐CKT.

V, v Vier verruchte Piraten

Auf der einer verfallenen

sitzen verlotterte Kerle.

Die vier sind Vettern und heißen

Valentino, Vasco, Valerian und Vittorio.

Vor langer Zeit waren sie verruchte .

Mit ihrem , der „Verrosteten Veronica“,

haben sie voll beladene  verfolgt

und sie vor Madagaskar versenkt.

Aber das ist schon lange vorbei.

Von allem ist ihnen nicht viel geblieben,

nur eine verbeulte , eine verstimmte

und die verwitterte .

Das Wrack

W, w

Das Wrack der „Wazabe“ liegt westlich von Afrika
vor der Walbucht in tiefem Gewässer.
Vor langer Zeit war das Schiff gesunken.
Wieso? Weshalb? Warum?
Wer kann das wissen?
Vielleicht ein Wirbelsturm oder wilde Piraten?
Heute wachsen wunderschöne Wasserlilien
auf dem alten Wrack.
Und drinnen wohnt Wanda, der Wal.

Wie heißt der Wal? Und wo im Bild entdeckst du den Namen des Wracks?

X, x

Verflixt!

Die Nixe knickste und fiel um.
„Das macht doch nix!“,
sagt sie ganz fix
und knickst noch mal
ganz ohne Tricks.

! Ergänze in jedem Wort das **X**. Sprich die Wörter laut.

HE☐E BO☐ER TA☐I A☐T JU☐

Schatzsuche auf Yosu

Y, y

Yannik segelt mit der Yacht „Yaelle“
zur Pirateninsel Yosu.
Auf der Insel sind Buchstaben versteckt.

? Findest du alle Buchstaben im Bild?
Streiche die Buchstaben, die du gefunden hast, durch.

A B C D E F G H I J K L M N O P Q R S T U V W X Y Z

Z, z Das Zauberschiff

Die Piratenzwillinge Zorg und Zausel
können zwar nicht bis drei zählen,
aber zimperlich sind die zwei nicht.
Ohne zu zögern, schmeißen sie zielsicher
matschige Zwetschgen auf das Schiff der zitternden
Zwerge. „Zapperlott!“, zischt Zwergenprinz Zacharias.
„Bevor sie Zwetschgenmatsch aus uns machen,
zaubern wir uns nach Zaramundia zurück.“
Und zack, sind alle zwölf Zwerge weg!

Schlachtruf für Piraten

ZICKE ZACKE, ZICKE ZACKE,
HOI, HOI, HOI!

Zauberspruch für Zwerge

ZWICK, ZWACK, ZWECK,
DA SIND DIE
ZWERGE
WEG!

ZOTTELZICKE

Das Piraten-Abc im Rückwärtsgang

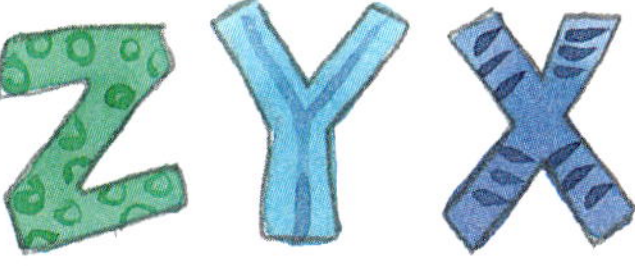

Für Piraten ist das nix.

Hör gut zu, das geht im Nu.

Für Piraten geht das klar.

Schau mal an, das tut nicht weh.

Leinen los, wir sind schon da!

Lösungen

A: Anker, Anna, Ananas, Affe, Angel

B:

D: Dose, Delfin, Drache, Dampfer, Deckel

E: Seesterne, Muscheln, Steine, Quallen

F:

Frosch

H: Hose – Dose; Hund – Mund;
Hammer – Kammer – Klammer – Jammer;
Haus – Maus; Hummer – Kummer;
Herz – Schmerz – Scherz

I: Igel, Zitrone, Pinsel, Tisch

J: JOE

L: Leiter, Lampion, Löwe, Lastwagen (Laster, LKW),
Leuchtturm, Lupe, Luftballon, Lolli (Lutscher), Libelle,
Löffel, Lorbeerkranz

M: MARA

N: Nuss – Kuss; Nudel – Pudel; Not – Rot;
Nase – Hase – Vase; Nest – Fest – Rest

P:

R:

T: TRIXI SPRITZT TINTE AUF TRULLO.

U: FAST HAT EIN UNTERWASSER-
UNGETÜM DAS RUNDE U-BOOT
VERSCHLUCKT.

W: Der Wal heißt WANDA.

X: HEXE, BOXER, TAXI, AXT, JUX

Leseprofi von Duden –

Erstes Lesen

Mit Bildern lesen lernen

Der erste Schultag
ISBN 978-3-7373-3314-6

Der geheimnisvolle Zauberhut
ISBN 978-3-7373-3420-4

Ein Tag bei der Feuerwehr
ISBN 978-3-7373-3325-2

Ein Tag bei der Polizei
ISBN 978-3-7373-3386-3

Zwei Dinos wollen nach Hause
ISBN 978-3-7373-3392-4

Ein Ausflug zum Reiterhof
ISBN 978-3-7373-3315-3

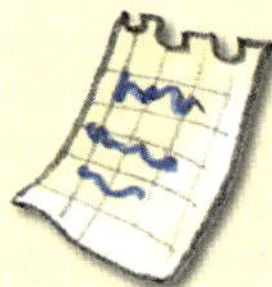

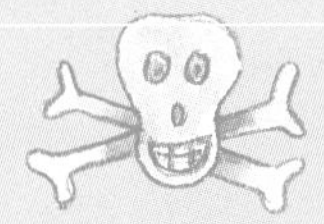